HARLEM MAPPY

Contents

Introduction	4
Photo	6
45 Questions To Mappy	74
My Favorite Music Albums	92
My Favorite Songs Playlists	94
How To Jazz	98
About My Debut Album	100
Interview With Love Trio ♡	102
Instagram	109
#mappybook Illustration	114
Answer To The Question45	118
Afterword	120

Introduction

甲田まひる／Mappy = ファッショニスタ、ジャズピアニスト

2001 年 5 月 24 日　沖縄市の自宅でお昼の 12:02 に生まれる。
約 2 か月後に大阪に移り、約 2 年間生活。2 歳から東京都育ち。153cm 、双子座 A 型。

趣味・好きなこと：ピアノを弾くこと、楽器を触ること、耳コピ、歌うこと、踊ること、音楽を聴くこと、悪ふざけ、お茶すること。
特技：ピアノ、英語、悪ふざけ。

自分について：ファッションの仕事を始めるようになったのは小学 6 年生の頃。すべてのきっかけはインスタグラム。大学生の友達と遊んでいる時にインスタを教えてもらい、適当に登録して大好きなファッション、自分のコーデ、メイク、自分で加工した動画などを遊び感覚であげていたら、ファッションスナップサイト drop tokyo からダイレクトメッセージで連絡が来て、初めてのスナップ撮影をしてもらった。そこから何度か撮影していただくことがあり、サイトでブロガーデビュー。その年に東京コレクションに招待していただき、それから徐々にファッションアイコン、インフルエンサー、時にモデルとして雑誌に出たり、連載を持ったり、ファッションイベントでのピアノ演奏をしてきた。
5 歳から YAMAHA 音楽教室でクラシック・ピアノを始めた。幼稚園に通っていた頃だったので周りのお友達の影響で自分から「始めたい」と言ったのがきっかけ。グループレッスンでやるテキストに入ってる曲にはロックっぽいものやジャズっぽいものもあり、クラシックと違うジャズのテンションの入ったサウンドを弾くたびにそっちの響きの方がなんとなく好きで、先生がクラシックをラテンやジャズアレンジした曲をコンクールで弾いたりするうちに、こういうジャンルの方が自由で楽しいと感じ、ジャズを好きになった。発表会では湯山昭さんや Gershwin、Kapustin などを弾かせてもらった。
親はもともとジャズはまったく聴いてなかったから、私がジャズが好きになったことをきっかけに図書館や TSUTAYA で名盤をいっぱい借りてきてくれて、一緒に聴き始めた。そこで聴いた Thelonious Monk と Bud Powell に衝撃を受けて、YouTube で彼らの演奏のスタイル、ファッションを知り、さらにドはまりして、それから音源を耳コピして真似して弾くように。このふたりがジャズピアノを本気で始めようと思ったきっかけの、私の神様。
音楽とファッション、好きなことに触れていることはやっぱり楽しいし、すべての経験が勉強になってる。

家族は母と 9 歳上の兄がひとり。小学校 1 年生の時に母子家庭となり、放課後は学童保育に。毎日男の子たちと遊び、のびのびと悪ふざけの才能をさらに伸ばす。ずっとしたかったピアスの穴を小学 4 年生であけ、6 年生で毛先を金髪にして学校に行った時の担任の最初の一言は、「何かあったんですか？」。非行に走ると思われたのかな。
何もありません、これはファッションです（笑）。
幸いうちの母がピアスや毛染めやタトゥーに寛容な考えの人だったので、反対されずラッキーでした。血ですね。

45 Questions To Mappy

Questions by Sumire Taya

Q.01 Mappyの名前の由来を教えて！

お昼の12時に生まれたからまひるが本名。
ちゃんづけで呼ぶのも呼び捨てもしっくりこなかったという母のつけたニックネームが
まっぴーで、生まれた頃から家族、友達、先生から呼ばれてきたよ。
キャラにあってるんだって。

Tell us the story behind your name Mappy.

I was born at noon, precisely 12 pm so my real name is Mahiru. (In Japanese, Mahiru means midday) My mom gave me the nickname Mappy because it's easier to remember. And since I was born, my families, friends or even my teacher has been calling me Mappy. I was told this name fits my character.

Q.02　日々、生活の中でこれだけは欠かせないモノは?

　　　1. 携帯（なくてはならないものになってしまった……）
　　　2. イヤフォン（とにかくつねに音楽を聴いていたい人なので、忘れた日は地獄）
　　　3. サングラス（好きなファッションアイテムのひとつで、とりあえず1、2個はカバンに入れています）

　　　What are the 3 things that you couldn't survive without?
　　　1. My mobile phone
　　　2. My earphone
　　　3. My sunglasses

Q.03　好きな色やラッキーナンバーはある?

　　　好きな色は茶色とカーキ。
　　　ラッキーナンバーは2！
　　　なぜか一番好き。

　　　What's your favorite color? What's your lucky number?
　　　My favorite color is brown and khaki.
　　　My lucky number is 2!
　　　For some reason, I really like the number 2!

Q.04　ミュージシャンで憧れの人は誰?

　　　甲本ヒロト、Lauryn Hill, Bud Powell, James Brown

　　　Who do you adore as a music artist?
　　　Hiroto Komoto, Lauryn Hill, Bud Powell, James Brown.

Q.05　ジャズの魅力って？

ジャズって、何かきっかけがないとなかなか入れないジャンルだと思うし、難しい印象があると思う。演奏する上ではみんなの共通の決まりごとが存在して、初めて会ってもそれを知っていればすぐにセッションができる。基本的なルールを覚えると、聴くのも楽しいよ。
魅力のひとつとして、リアルな対話を一番感じる音楽っていうところだと思う。何より即興でその場で作っていく音楽だから、音での会話はもちろん、音以外でのコミュニケーションがとっても大事。それが音源を通しても伝わってくるし、ライヴなんて目の前で何が起こるかがその場で決められていく様子が見られるから、つねにリアルで進行している音楽なんだと思うはず！
音楽の基礎とも言われているくらいだから、ジャズをしっかり勉強してきた上で他のことをやってるミュージシャンはマジで強いし、メジャーな音楽で活躍している偉大な音楽家で、ジャズに影響を受けた（ている）ことがある人たちは本当にいっぱいいる。
私が小学生の頃はジャズしか聴かなかったから、ジャズを聴くことに関して年齢は関係なくて、（その頃友達と音楽の話をしたことは一度もなかったけど・笑）渋くておじさんだけが聴くってイメージも、違うかな。各地で出会った同世代のジャズ・ミュージシャンと演奏するのも本当に楽しい。最近はジャズとヒップホップとか、他のジャンルとの境界線がなくなってきてるから、抵抗も少ないよね。

What's fascinating about Jazz?
With Jazz, you need an opportunity to get into the genre, and in my opinion, it's hard to get into Jazz. You can communicate through Jazz even if you meet the person for the first time. You just have to remember the basic rule, and it's easy to enjoy by listening to it.
One thing that's fascinating about Jazz is you can feel the real conversation going on. You improvise on the spot so you communicate not just with the music sound but also everything else. You can actually feel them communicating when you listen to the CD so when are watching them live, you never know what will happen next, that's what exciting about Jazz. Jazz is known as the root of many music genres and people who perform Jazz are all amazing, even people who don't play Jazz was said to be influenced by it. When I was in primary school I started listening to Jazz and it doesn't matter how old you are, you can enjoy it as much. Although people still have the impression that Jazz is for the older generation, I don't think that's true. I met many musicians who are the same generation as me in various places, and it was fun to jam with them.
Lately, many artists and musician started making music by mixing different genres so I guess it is easier for people to get into Jazz.

Q.06　一度だけ、1日誰かと入れ替われるとしたら誰になってみたい？

NYの、サウスブロンクス、クイーンズの地元の男の人。

Just for once, if you have a chance to switch bodies with someone, who will it be?
Some random guy who lives in Queens, New York.

Q.07　今までで一番テンションが上がった出来事は？

甲本ヒロトさんが、あるライヴ会場の客席の5つ横に座っていて、その後楽屋にてお話できたこと。その優しさに自然と大号泣しちゃった。

What was the most amazing thing that happened to you?
Hiroto Komoto was sitting like 5 seats away from me at a concert venue and we spoke at the backstage after the show. I was so overwhelmed by his kindness I literally started bawling like a child.

Q.08　ファッションアイコンとして参考にしている人は？

特にこれといったアイコンはいなくて、インスタでサーチすることが多い。メンズの服が好みだから、自分の好きな昔のヒップホップ・アーティストの格好を見てる。私の場合、つねにファッションは音楽に影響されてると思う。

Who's your fashion icon?
I don't really have a specific fashion icon, I just research different styles on Instagram. I really like men's fashion so I always look at what the HIP-HOP artists are wearing. For me, my fashion style is always inspired by music.

Q.09　どの時代のどんなファッションが好き？

"BACK IN THE DAYS" という写真集の時代の格好が好き。最近はずっと90年代のヒップホップを聴いてるから、ストリート系かな。デトロイトでスナップした、好みすぎる黒人のおじさんの後ろ姿。

Which fashion style in which era would you reckon is your favorite?
There's a book called "BACK IN THE DAYS", and the fashion during that era is my favorite. Lately, I am really into 90's style HIP-HOP, that's all I listen to so I would say street fashion is my favorite for now. I love the street snap that they photographed in Detroit, especially those with African-American middle-age man from the back.

Q.10　今は手に入れられていないけれど、いつか手に入れたいと思っているファッションアイテムは？

タトゥー。デザイン迷い中。

What are some fashion items that you really want to get your hands on in the future?
Tattoo. I am still deciding on the design though.

Q.11 コーディネートを決めるのに時間がかかる方? どんなふうにその日の洋服を選んでいるの?

とても時間がかかる。納得いかないと嫌になって、途中で買って着替えたくなるタイプ。気分でどんなふうにしたいか想像して、適当にいろいろ組み合わせてみます。家を出る時は部屋の中がグチャグチャのまま飛び出していくよ! 絶対着たいっていうアイテムがあればそれに合わせていく。そういう時はすぐ決まる時もあるけど……

Do you spend a lot of time deciding what to wear every day? How do you decide your #OOTD?

Yes, I spend a lot of time deciding what to wear every day. If it still doesn't feel right when I got out of the house, I will just go into any store and buy a new one and just change it on the spot. Depends on my mood, I'll just mix and match and see how it goes, that's why my room is always a mess when I leave the house. If I have a specific item I would like to wear, I will just throw any outfits that matched that item. In that case, deciding an outfit will be quicker.

Q.12 今までで一番最高! と思えたコーディネートと、最悪! と思ったコーディネートを教えて!

メンズのTシャツに太めのズボンにパーカーに上着。基本これが、一番アガる格好です。特に軍ものが好物で、いくらあってもたりない……。古着屋に行っても軍ものばかり見てしまう。おじさんっぽいジャンパーを常に探しています。冬服が好きだけど、異常なほどTシャツラヴァーなので、一枚で着られる夏が待ち遠しい。
最悪だったコーデはありすぎて思い出せない。お気に入りのコーデになる方が珍しい。ちなみに新しいものばっかり着ちゃう。で、次新しく買うとそっちばっか着ちゃう、みたいな感じ。自分でも直したいです。

What are your best styles ever and what are your worst styles ever?

Baggy jeans with a men's t-shirt and a zip-up hoodie. This is the style that puts me in the mood. And also military fashion, I couldn't get enough of it. Whenever I visit the vintage store, army fashion item is all I look for. Other than that is men's jumpers. Although I love winter clothing, I am an abnormal big fan of t-shirts. I can't wait for summer to come.
I can't think of my worst style since I had so many. It's more unusual for me to have a style that I like. By the way, I would just wear stuff that I just bought continuously and get sick of it once I had another new item. It's a bad habit that I kind of wants to change though.

Q.13 好きな言葉、フレーズは?

好きな言葉…「2軒目行きましょう」
ちなみに嫌いな言葉は、
「ダメなものはダメ」(中学時代の教師が言ってたこと・笑)

What's your favorite word or phrase?

"Let's go for a second round" is my favorite phrase.
By the way, I hate it when people say
 "A rule is a rule" (I was told that by my junior high school teacher lol)

Q.14 小さな頃から大切に読み続けている本は？

「チョコミミ」という漫画。小学生の時にはまって、新作が出るのを毎回待ってた。内容も大体頭に入るくらい読みまくってたな……。今でも時々読み返したくなって、そのたびに爆笑してます。小学生の時、誕生日に兄から、「うちの3姉妹」を全巻おさがりでもらって、それは大切にしてる（笑）。
読み続けているものはないけど、小説は大好きでよく読みます。古本屋に行って古い雑誌を探したり、昔の音楽誌を漁るのも大好き。

Q.1 Are there any books that you've been reading since you were a child?
A comic book called "ChocoMimi" I was so addicted to it when I was in primary school. I remember always waiting for the new book to come out. I've read it so many times that I can still remember all the details. I still read it sometimes and can still enjoy it because it makes me laugh. Also when I was primary school student, my elder brother gave me the whole series of "Uchi no Sanshimai" for my birthday. It's my treasure and I still cherish it.
I like reading novels so I always go to the vintage bookstore to look for old books and old magazine. Hunting for old music magazines is the best.

Q.15 今までで一番笑った出来事、エピソードを教えて！

毎日しょうもないことで爆笑してるので思い出せないけど、中学のダチ（男子）と毎日爆笑していたことが一番記憶に残っている。
あとは中2の時のクラスが最強で、今でも思い出して笑ってます。

What is the funniest thing that ever happened to you?
I laugh everyday so I can't really remember a specific episode, but when I was in junior high school, my friend (male) and I would make each other laugh every day and that's really memorable.

Q.16 一番好きな映画のワンシーンは？

ATCQのドキュメント、「Beats,Rhymes And Life」が大好き。Q-TipがJonni Smithのレコード聴きながら説明してたり、そのあと流れるインタビュー映像とか、ファンとしては本当にたまらない。
あと、「なんちゃって家族」もオススメ。現時点で11回観ちゃった。空港で入国審査を受けるシーンはマジで観てください。

What's your favorite scene from a movie that you like?
ATCQ's documentary, "Beats, Rhymes, and Life" is my favorite. The scene when Q-Tip is listening to Jonni Smith's record while explaining it and straight after how they show us the interview, as a fan that was just perfect.
By the way "We're the Millers" is also one of my favorites. I've seen that movie for more than 10 times. You have got to see the scene when they were inspected at the airport immigration.

Q.17　自分はどんな性格だと思う?

基本明るくて、その場を盛り上げて人を笑わせるのが大好きです。あと、ダメと言われることを仲間を巻き込んでやるのが大好き。人の話は大体聞いてなくて、いつも何かしらやらかしてる。失敗したり忘れ物したり用意が遅くて、人に迷惑をかけてしまう。
超ワガママだから、人に何を言われても自分の決めたことや、やりたいことは絶対やる。超優柔不断で、メニューとか自分だけだと30分くらい迷ってる。
緊張しやすくて、何かの本番前はいつも大騒ぎしている。音楽以外だと笑いにかけるパワーしかない。

How do you describe your personality?
I am generally a cheerful and bright person, I love setting up the mood, bright up the atmosphere and make people laugh. I always involve my buddies to break the rules with me haha.
But I am the type who doesn't quite listen to other people's conversation so I always screw things up. I am quite childish so I never take advice, I will just go on to do whatever I decided. I am also super indecisive that I always spent more than 30 minutes to decide what to eat.
I get nervous easily so every time before a show I always make a big fuss. Apart from music, I have the power to make people laugh.

Q.18　好きな場所、よく行く場所はどこ?

好きな場所はファミレス。特に深夜から朝方の人が少なめなファミレスはどこよりも最高な場所だと思う。オサレなカフェとか行列より庶民的なところが落ち着くから、NYでもダイナーばっかり行ってた。あっちのダイナーはめっちゃかわいかったけど。いつまでいても大丈夫そうなところとかで永遠にだらだらお茶してたい。
あとはフリータイムでひとりカラオケ! 時間があれば常に行きたい。ひとりの時は洋楽をメインにフリータイムでぶっ通しで歌ってます。

Where's your favorite spot, a place you often go to?
My favorite spot is the family restaurant (equivalent to a diner). Especially between midnight and dawn when there aren't many people. Instead of cafes where it's always crowded, I love places without the crowd so even when I was in NY, I would go to the diner. The diners in the US are so fashionable I could stay there all day and chat away as long as I want.
Also whenever I have the free time, I would go to the karaoke alone and sing all the western music I know =)

Q.19　アメリカはどうだった？

まず最初にデトロイトのジャズフェスに行って、夜に出演者たちが集まるジャムセッションに参加したりして楽しかった。
NYでは、Harlemが一番好きな雰囲気だったから、思い出すたびに行きたくなる。大好きって言葉だけじゃ伝わらない……。
夜な夜なジャムしたり、会いたい人とも会えて、毎日が刺激的だった。前回より長く行ったから観光ではなく生活してる感がすごくあって、起こることすべてを鮮明に焼き付けようとしてた感じ。新しい発見や考えも生まれたし、改めて街の雰囲気、人間性が好きになった。通り過ぎる車からは大音量で音楽が流れてるし、本当に本当に優しい人ばかりで居心地がよく、またNYに戻るために頑張ってる。

How was the US?
I went to a Jazz festival at Detroit. I love how at night the musicians would gather at the bar and have jam sessions. I also love the atmosphere in Harlem, New York. I just want to fly over this instant whenever I think about it. I can't explain how much I love the place.
I was in the US for a longer period than before so I didn't feel like I was a tourist. I still remember clearly about everything that happens during that trip, I had new discoveries and had new inspiration. The way loud music that can be heard from the car that went by, and all the friendly people, I just feel like New York is the place where I am meant to be. I will work hard to go back again.

Q.20　インドア派？　アウトドア派？

アウトドア派。どこかに行っていたいし、誰かとしゃべってたい。ひとりで音楽聴きながら電車に乗ったり、歩いている時、幸せを感じています。
でもひとりで買い物したり食べたりは苦手だからできるだけしない。本当に会いたい人と会う以外は、家でピアノ弾いたり歌ったりしてる時が幸せ。

Are you an indoor person or outdoor person?
Definitely an outdoor person. I just want to be outside and talk to people. Even when I am alone riding the train while listening to music, or just walking around the city makes me feel happy.
But I still couldn't eat out alone or even shop alone. So if there isn't anyone I would like to meet, I would just stay home and play the piano or sing.

Q.21　最近ついた嘘は？

基本的に嘘はつかないけど、気の乗らない誘いに、用事があるからって断った。

When was the last time you told a lie?
I generally don't lie but when I really want to turn down some invites I would just lie that my schedule doesn't work.

Q.22 今までに訪れた場所で一番感動した場所は？

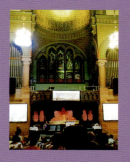

ネパール。兄が放浪の旅に出ていた時、ネパールで夏休みに合流して一緒に過ごしました。全部が楽しかった。古い街並みもかわいらしく、人がフレンドリーで、ルールでガチガチに固められていない社会にホッとする感じ。幸せな時間でした。

あと、2017年にNYに滞在した時に見に行った、A Tribe Called Quest の壁画。ずっと生で見たかったから、見つけた瞬間は興奮が収まらなかったーー!! 電車とバスを乗り継いで行ったんだけど、駅に降りた時から街の雰囲気がとてもやばくて（最高で）、壁画があるところも本当によかった。壁画を見られたことは一生の思い出で、忘れられない場所！ あと、NYのHarlemで日曜礼拝に参加して観たゴスペル！ 本当に本当にすばらしかった！ 歌や演奏の上手さはもちろん、言葉すべてにパワーがあり、心が揺さぶられる経験は鳥肌ものでした。

Where was the most amazing place that you visited that moved your heart?
Nepal. When my elder brother was off to Nepal on a wandering trip, I went there during my summer vacation to meet him and spend time with him. It was the most memorable trip. The old streets were endearing, local people were so friendly and the way the country was not restrained by rules was just fascinating. It was the best trip ever.
Also in 2017, when I went to New York, I found the graffiti of A Tribe Called Quest on the walls. It was always my dream to see that in person so I was so excited when I found it!!! I had to take the train, then

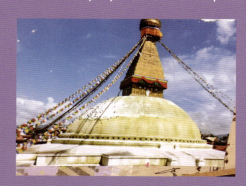

the bus to get there but even when I got off the station, the atmosphere and the vibes of the city was so great I was blown away. The fact that I got to see the graffiti just made my life! It's an experience that I would never forget. The gospel choir that I saw in Harlem, NY was also unforgettable. Obviously, the performance was incredible but I can actually feel the power from the lyrics, it moved my heart and gave me goosebumps.

Q.23 みんなが知らない秘密を、ひとつだけ、こっそり教えて？

小さい時からアレルギー体質で、中学生くらいからフルーツアレルギーが発症し、食べると口の中がかゆくなってしまう……けど、フルーツ大好きだからよく食べてる。
そして胃腸が弱くて、ジャンル問わず、急に食べものを食べるとすぐにお腹を壊しちゃう（笑）。週の半分は、「お腹が痛い」って言ってます。
食べたものが体内に吸収、ではなく、放出。肌もアトピーでつらい。

Tell us one secret that you've never told anyone.
I had many allergies since I was a child, by the time I got to junior high-school, I got allergic to fruits, and whenever I ate fruits my mouth gets really itch. But I love fruits so I just eat it anyway.
Also, I have a weak stomach, whatever I eat I get an upset stomach, lol. Almost every day I would just blurt out "my stomach hurts". I also have atopic eczema so that's that….

Q.24 ファッションやメイクに目覚めたのはいくつの時？　どんなきっかけがあったのかな？

幼稚園の頃からおしゃれに興味があった。周りと同じ格好は絶対したくないし、おそろいとか絶対嫌だったから、そういうのもファッションが好きになる理由だった。その頃から髪を染めてピアスをしたかったし、公園には、何を言われてもいつもヒールを履いて行ってました（笑）。常に周りのお姉さんたちを見ていて、これが着たいなーとチェックしてたけど、だいたい小さいサイズは売ってなくてあきらめることが多かったな。
その3年後に自分がほしかったデザインの服がいろんなサイズで大量生産されても、みんなが着始める頃には興味がもうなくて、常に新しいものを探してました。どんなにかっこいいものも、全員それを着てたらなんの魅力も感じない。
大体昔から自分の好きなものが流行るから、流行を察知するのはめっちゃ早いと思う！　ファッションが大好きになったきっかけのひとつは、カードゲーム（オシャレ魔女）ラブandベリー。年上か私の世代は知ってる子が多いはず！
ジャンルごとに服を組み合わせて、コーディネートのスコアとダンス対決で勝ち負けを決めるゲームで、コーディネートを組む勉強を自然にしていたと思う。踊りも毎日DVDで覚えて全部踊ってたし、カードブックにカードを山ほど集めてて、ラブベリに全神経を注いでた。今でもたまに思い出すと踊ったり、YouTubeを観たりしてます。

When did you start getting into fashion? What inspired you?
I started to get interested in fashion when I was in kindergarten. I refused to dress like everybody else and I think that's one of the reasons that got me into fashion. I wanted to have piercing and dye my hair at that age. No matter what people say, I will always wear heels to the park haha. I was always observing what the older girls are wearing and wanted to copy their style but unfortunately, all the clothes will not have my size so I just had to give up.
3 years passed, and the design that I wanted started to get popular and everyone started wearing it, that is when I lose interest so I constantly trying to find a new style to wear. No matter how charming the style is, once it gets popular, it just loses its charms.
Since long ago, the style that I like will eventually become popular so I guess I am the type to sense the trend in early stages. One of the reasons that I got so into fashion is because of a collectible card game "Oshare Majo: Love and Berry".
The magical princesses from the game, Love and Berry will change clothes according to the genre and do a dance battle. I learn to style myself with this game by mixing and matching the outfits of Love and Berry. I even learn the dance move by watching their DVD and collected all the cards. I still watch the dance move on YouTube occasionally and dance with it.

Q.25 今イチオシのミュージシャンがいれば、教えて！

今もLauryn Hillかな。ジャンル関係なく、昔からずっと愛されてるものが好きな傾向はあるので、逆にさかのぼってばっか。時代を超えても色あせないかっこよさ、新鮮さ。学ぶことがたくさん。そしてすべてにおいて、この人を超える人はいない。

Do you have any music artist you would like to recommend?
For now, it's Lauryn Hill. Regardless of any genre, I always love the old time favorites.
Her music is timeless, I've got to learn that. She is sensational, no one can beat her talent.

Q.26 スマートフォンのアプリで、これがおもしろいよ！ってものがあれば教えて！

最近は最低限のアプリしか持ってなくて、でも音楽検索アプリShazamは、出た当時から手放せない！ 逆にオススメがあれば教えてもらいたいな！（笑）

Any interesting mobile phone apps you would like to share with us?

I only have limited apps that are useful to me, but lately, I've been using Shazam, this magical mobile app that recognizes music is just amazing!! If you have any good apps to recommend, tell me, haha.

Q.27 これからマスターしたい外国語は？

勉強は大っ嫌いだけど、英語だけはずっと勉強してられるくらい大好き！
まずは英語を完璧にする！

Any language that you would like to master?

I hate studying but English is the only subject that I love. It would be great if I can master my English for now.

Q.28 10代だとお小遣いの中から洋服代を捻出するのも大変だと思うけど、
少ないお金でどんなふうにファッションを工夫してる？

お小遣いはもらってなくて、お母さんに買ってもらってる。お金の管理が苦手だし、即決しちゃうから。「ちゃんと他も見てみないと」「それ、サイズがちょっと大きい」とか言ってくれるし、私のほしがってるものをわかってくれて、探すのも私よりうまい（笑）。
リサイクルショップやZOZOTOWNも活用して、300円のところから見ていくよ！
安い掘り出し物が一番!!

Since you are still in your teens, you probably buy your clothes with your pocket money. How do you manage to style yourself with the limited money you have?

Actually, I don't get pocket money, I always ask my mom to buy it for me. I am not good at managing my own finances and I always buy stuff without thinking. If I shop with my mom, she will be giving me advices like "you should look at other stuff first before buying", or "isn't that size a little big for you?" and so on. She knows me so well that she can easily find something that I want, haha.
I also shop at the vintage store and online second-hand store. I search all items starting from 300yen. Cheap stuff is always the best stuff!!

Q.29　こんな女性になりたい！と憧れている女性はいる？

マザーテレサ、Lauryn Hill

Are there any women that you want to become or you adore?
Mother Teresa and Lauryn Hill.

Q.30　小さい頃に憧れた職業、今興味を持っている職業は？

幼稚園から小学校3年生くらいまではイラストレーター。宇野亜喜良、水森亜土、おおたうにに憧れて、ずっと絵本の模写、ファッション画のデッサンをひたすら描く日々を送っていたよ。オリジナルのファッション雑誌を何冊も作ったり。
YAMAHAでピアノを始めて専門コースに上がった小学校3年生くらいに、毎年コンクール漬けで、ピアノを弾いてる時が何よりも楽しかったから、そのときからジャズ・ピアニストになろうと思っていました。クラシックは向いてないと思ってたので。ファッションの仕事をするとは思ってなかったから、始めてからは仕事と練習の両立が大変でした。ほんとは音楽だけに集中したい時期だったけど、ファッションの仕事はとっても楽しかったし、それがあったから音楽の世界でも知ってくれてて繋がれた方々もいるし。最近はそろそろ音楽をしっかりやりたいから頑張ってる。それでも、ファッションは一生自分から切り離せるものではないから。
今の夢はジャズ・ピアニストじゃなくて、いろいろな音楽を勉強して自分の音楽を探して、歌ってパフォーマンスがしたい。最初はジャズ・ピアニストしか考えてなかったから、考えっていろいろ変わるんだね。とにかく、かっこいいものは世代を超えて受け継がれていくから、時がたっても人々に聴かれる音楽を作ることが目標。

What did you want to become when you were a kid, or do you have any job that you are interested in now?
Since I was in kindergarten until the 3rd year of primary school, I wanted to be an illustrator. I admired many illustrators such as Aquirax Uno, Ado Mizumori, and Uni Outa. I used to trace drawings from the children's picture books and draw fashion sketches. I even made my own original fashion magazines.
I started piano at YAMAHA piano school when I was in the 3rd year of primary school and I participated in the piano contest every year. I always feel happy when I am playing the piano so since then I wanted to become a Jazz Pianist. I didn't think that the classical piano is my thing. I never imagined I'll be doing any job related to fashion so it was really difficult for me to work while I am still a student. My real intention is to focus on my music career, but being in the fashion industry was so fun and I can always lead people who know me through fashion to my music. But lately, I really want to just focus on my music career, although fashion will always be a part of me.
My dream now has changed to being a Jazz Pianist to a musician who has her own music and her own sound. I also like to try singing and performing on stage as well. My goal is to make music that's timeless, something people can enjoy despite their age.

Q.31　好きな人のタイプは？

自分より頭が良くて、自分が持ってない技能を持ってる人に憧れる。
性格的にしっかりしてる人（自分がダメなので）。
大きな心の持ち主。

What's your type?
I adore people who are smarter than me, someone who has skills that I don't.
A person who's mature and independent (since I am none of those).
Someone with a big heart.

Q.32　動物は好き？

大好き。猫とイグアナが飼いたい。
虫が昔から大好きで、特に家に蜘蛛が出るとうれしい。学校でも
よく、虫逃す人、やってた。

Do you like animals?
I love animals!! I would like to have a cat or an iguana as my pet.
I also love bugs since I was a kid, I got so excited whenever I see spiders at home. Even at school,
I was always the one who send bugs out of the window.

Q.33　親友はいる？

親友は作らない性格だけど、男子の友達でずっと大切にしたい小学校、中学校の同級生仲間が
たくさんいます。新年を迎える1時間前に連絡とって集まって、路上でカップ麺で年越したり、
クリスマスに家で友達の髪染めたり、卒業式の次の日に行った江ノ島1泊2日とか、いろいろ楽
しい思い出がある！
卒業した今も会える時は集まって、いつもLINEでくだらないことで笑いあってます。
みんなずっと応援したいな。

Who is your best friend?
I am that type of person who can't make best friends, but I have some guy friends from
primary school and from junior high school who is important to me. We contacted each other 1
hour before New Year, got together and ate cup noodles beside the street while counting down
to New Years. During Christmas, I went to his house to dye his hair, the day after we graduate,
we went on a 2-day trip to Enoshima. Lots of good memories I have.
Even after we graduate, we will still contact each other and go out when we have time. The
messages they sent me makes me laugh. It's good to know we still have each other's back.

Q.34 今までもたくさんおもしろい仕事をしてきてるけど、一番印象に残っていることは？

ファッションの仕事を始めたばかりの頃、大好きなスタイリスト、島田辰哉さんにモデルとして呼んでもらい、彼の「CONTACT HIGH ZINE」に参加した時の撮影は思い出に残っている。写真が蓮井元彦さん、ヘアメイクがTori.さん。みなさんの人間性含め、ただただかっこいいものを作るということをみんなでできたことが本当に楽しくて、その後も同じメンバーで渋谷をロケバスで回って「KING KONG MAGAZINE」のために撮影ができたり、そういうふうにクリエイティブな方々と仕事をするのは毎回刺激をもらえて最高だ。

You've been involved in many interesting jobs, what is the most memorable job you had so far?

When I just started my career as a fashion model, one of my favorite stylists, Tatsuya Shimada invited me to join his project "CONTACT HIGH ZINE." The photo shoot session is pretty remarkable. Motohiko Hasui was the photographer and Tori. was the make-up artist. Their personalities are just charming and the way how they were trying to create something great is just so memorable for me. We got the chance to work together again on a photo shoot for "KING KONG MAGAZINE", it's just great to work with these creative people, I got motivated by them all the time.

Q.35 チャームポイント、好きなところ／コンプレックス・嫌いなところは？

チャームポイント
・大きい口、唇
コンプレックス
・身長が低いこと。洋服のサイズがなくて着られないものが多すぎ。本当はスニーカーが大好きだからもっと履きたい
・うさぎみたいな鼻
・量の多いしっかりとした髪

What are your charms, things that you like about yourself/ your complexes or things that you hate about yourself?

Charm
My big mouth and my lips
Complex
My height. Since I am so short there are so many clothes that don't fit me. Actually, I love sneakers but due to my height, I always stick to shoes with higher heels.
My nose that resembles a rabbit nose
My thick hair

Q.36 これがあれば幸せ！　と思える食べものは？

大好きなタコライス！　吉祥寺のハモニカ・クイナのタコライスが絶品！
あとは、
・焼肉
・ママの作るご飯
・自称チーズおばさんで、チーズものには目がないです。
甘い物は、基本何でもいちご味が好き。去年は三角いちごパイといちごチョコクロにはまっちゃって食べまくった。冬はいちごシーズンだから最高だね！

What's your favorite food?
My Favorite is Taco Rice. There's a shop in Kichijoji called HAMONICA Quina, their taco rice is just heavenly!!
I also like Yakiniku (Japanese style BBQ), dishes that mom makes, anything with cheese, any dessert with strawberries or strawberry flavor. I love winter because it's the strawberry season.

Q.37 大人になったらトライしてみたいことは？

いろいろなところを旅したい！
南米縦断、車で米国縦断、アジア放浪をしたいんだ。余裕があったらね。母は元々バックパッカーで、兄も今までに一人旅をしていてるから話をたくさん聞くし、やっぱり旅したいよねー。

What would you like to try when you became an adult?
I would like to travel the world.
If I have the chance I would travel across Latin America, do a road trip in the United States, or just wander around Asia. My mother was a backpacker and my brother travels alone a lot, listening to all their stories make me want to do it myself.

Q.38 もし演技をする仕事がきたとして、どんなキャラクターを演じてみたい？

服はいつもカーキっぽかったり、ボーイッシュな服とかばっか着てて、ペットはイグアナです、みたいな役。
めっちゃコメディーものか、コメディーサスペンス、ミステリー系が好き。
ちなみにゾンビの真似は自信あり。音楽のMVに出るのも楽しそう。

If you were an actress, what character would you like to play?
A girl who loves boyish Khaki clothing, and has a pet iguana.
It will be interesting if its comedy or suspense comedy. I love suspense and mystery film. I can totally do an imitation of a zombie. It also sounds fun to act in music videos.

Q.39 今まで出会った中で一番変わっている人、印象深かった人は誰?

知っている限りではジャズ界の人はみんな変わってます。
印象深かった人は、ジャン=ポール・ゴルチエさん。「GINZA」の不定期連載でこれまでにも数名のデザイナーさんにインタビューさせていただいたんだけど、ゴルチエさんは昔からずっと憧れていていつか会いたいと思っていた人で、こんなに早く会えるとは思っていなかった。想像以上に優しくて、聞く話すべてが長年の経験者からの知恵だったし、デザインやインスピレーションとして音楽からもたくさんの影響を受けていることを聞けたり、とにかく幸せな時間だった。成功してきた人たちの共通点はみなさんオープンでフレンドリーで誰にでも優しいの!
学ぶことがたくさんあった。

Who are the weirdest person you've ever encounter or anyone that left a strong impression?

For all I know, in the Jazz industry, everyone is odd.
The person who left the most impression was Jean-Paul GAULTIER. I had an irregular column in a magazine called "GINZA" where I interview fashion directors, designers, and celebrities when they come to Japan. Jean-Paul GAULTIER is one of my favorite designers and I always wanted to meet him someday, so I was really happy that I could meet him this soon. He was such a kind person, his stories are full of wisdom from his long years of experience. There was a moment when I felt so blessed, when he told me he got his designs inspiration from music, just like me. What people like him who is so successful in life have in common is that they are so open-minded and are so kind to people around them! That has been my life lesson.

Q.40 得意科目と苦手科目は?

英語。音楽。国語(漢字はちょっっっっっっとにがてっち)。
苦手なのは算数。まず数字なんて見たくないし、算数はできない。

What are the subjects that you are good at and what subjects are you bad at?

I am good at English, Music, and Japanese.
I am really bad at mathematics, I don't even want to look at them =(

Q.41 これだけは誰にも負けない! と思えることは?

おしゃべり。根拠のない自信。テンションが上がると手がつけられないこと。
なんか、そんなにいいことないね(笑)。

What's something that you are so confident that no one can beat you to it?

Chitchatting, unfounded self-confidence and the skill to bring up the mood. Well, none of these seems like good strengths hahahaha

Q.42 今一番頑張っていることはどんなことですか?

これが自分の音楽、と言えるものを作っていくこと。

What's something that you are working hard at the moment?

Music that I can present to people as "My Music" with confidence. I am working hard to make that happen.

Q.43 この本を一番最初に届けたい人は?

おばあちゃん、おじいちゃん。
なかなか会えないけど、いつも応援してくれてるから。

Who are the first people you would like to deliver this book to?

My grandmother and grandfather. I seldom meet them but I know they are always supporting me.

Q.44 ずっと大切にしているものは何?

46匹のぬいぐるみ(とも言いたくない)と毎日いつもしゃべってる。みんな宝物。
知り合いの人は結構知ってることなんだけど、その中には10年以上ずっと一緒で、子どものようにかわいがってるネコちゃんもいる! 意思疎通ができるの。

What are your most precious things?

My stuffed animals (although I really didn't want to call them that), all 46 of them. I talk to them every day. They are my treasure.
People who know me probably know that there are a few who have been with me for more than 10 years. I love them so much they are like my children, our minds are actually connected.

Q.45 とその答えは、この本の最後で!

Question 45 and its answer us on the last page of this book!

MUSIC

START

My Favorite Music Albums

1

THE BLUE HEARTS /
THE BLUE HEARTS

言うことなしの伝説の最強バンド。私のスーパースター。

2

Legend /
Bob Marley

世界的にずっと聴き継がれている、偉大なアーティスト。声と歌詞とメロディーが一体となり、魂を揺さぶられる。

3

Fresh /
Sly & The Family Stone

これがFUNK。頭がおかしくなりそうなくらいのかっこよさ。「IN TIME」は時を超えても褪せない新鮮さ。天才。

4

Key To The City /
Mulgrew Miller

バドに続いて大好き。全部好きだけど、このセカンドは最初に衝撃を受けたからお気に入り。

5

Kind Of Blue /
Miles Davis

とにかくたくさん聴いたし、アルバムとして好きな作品。

6

Gling Gló /
Bjork

ビョークが歌うジャズ。楽しくてずっと聴いてられる。このピアニストのアルバムも買っちゃった。

7

First Of A Million Kisses /
Fairground Attraction

家で昔からかかってたアルバム。ノスタルジックな世界に引き込んでくれるエディのヴォーカルが神がかっています。

8

The Miseducation Of Lauryn /
Lauryn Hill

HIP HOPが好きになったきっかけでもある、私の人生のベストアルバム。

9

ゆらゆら帝国 /
ゆらゆら帝国

ゆらゆらの初期は言葉では表せないレベルのやばさ。

10

Underground /
Thelonious Monk

モンクワールド全開。ふつうにジャケ買い。

11

Brilliant Corners /
Thelonious Monk

選びきれないけど、すごく影響を受けた中の一枚。ソロの「I Surrender Dear」なんか、始まりで感動。

12

The Shining /
J Dilla

いつ聴いても新鮮。「Jungle Love」のドラム、やばいし。アイディアと発想にあふれてる。

13

Pearl /
Janis Joplin

27歳で死んだ彼女のラストアルバム。聴くたびに全身に鳥肌が立って、心が揺さぶられる、頂点の作品。

14

Tapestry /
Carole King

全曲最高な名盤。何度聴いても飽きなくて、大好きな歌声です。

15

The Very Best Of Nina Simone / Nina Simone

最初にライヴ映像を観た時、ニーナの歌声と、力強くてメロディックなピアノのマッチが最高だと思った。

16

Center Of Attention /
Pete Rock, I.N.I.

I.N.I.名義での貴重な一枚。最初聴いた時は本当にくらって、Pete Rock作品でも上位に入る好きさです。

17

Nocturnal /
Heltah Skeltah

独特の煙たい怪しさが前面に出てて、良き。

18

Bone To Be Blue! /
Bobby Timmons

ボビー・ティモンズが大好きで、このアルバムは全体的にツボです。切なさもあって。

19

Bud Powell Trio /
Bud Powell

バドの作品はどれも選べないけど、とにかく聴いてください、涙が出ます。

20

Jazz Giant /
Bud Powell

最高としか言えない代表曲が詰まっています。

Introduce… /
Carl Perkins

一目惚れしたアルバム。演奏スタイルがドツボ。

Trio 1 /
Hampton Hawes

ジャズを始めてすぐの頃に好きになって、相当影響を受けた。なんて言っていいかわからないくらい最強なトリオアルバム。

Band Of Gypsies 2 / Taraf de Haïdouks & Kočani Orkestar

昔iPodでずっと聴いていたアルバム。今聴いても懐かしくて、やっぱりテンションが上がる。

hana-uta /
ハナレグミ

小さい頃に聴いていた思い出があるアルバム。DVDもよく観てた。

She's So Unusual /
Cyndi Lauper

大好きなヴォーカリスト。パフォーマーとして本当に憧れる唯一無二な存在。

Dah Shinin' /
Smifu-N-Wessun

HIP HOP珠玉の一枚。Beatminerzの造る音は本当に最高。

The Rude Awakening /
Cocoa Brovaz

またまた。

Live At Apollo /
James Brown

言わずと知れた情熱の男のライヴ・アルバム（泣）。

Art Blakey And The
Jazz Messengers

これもジャズを始めた頃ずっと聴いていた、大好きなドラマーのバンド。

Expansion Team /
Dilated Peoples

何度聴いても最強だと思う。私が生まれた年にリリースされてる。

Key Of Life /
Stevie Wonder

ハーレムの路上で盤をゲットして、大切に聴いてる。ジャケも最高。

Midnight Marauders /
A Tribe Called Quest

ATCQのアルバムは本当に全部いい。これは最近またよく聴いてるやつで、今の気分。

Fantastic vol.2 /
Slum Village

Fantastic1と2からは、ほぼ毎日なにかしら聴いてる。

Mos Def & Talib Kweli
Are Black Star

一曲一曲のメッセージ性もめっちゃ強い。個人的にはこのタッグ、好き。

Trident /
McCoy Tyner

アルバム全体を通してのぶっとんでる世界観が大好き。他にもいっぱい好きなのあるけど。

Milestone /
Miles Davis

マイルスの考える音楽構成が本当に素晴らしいと感じる一枚。メンバーのバランス感がたまらない。

Hard To Earn /
Gang Starr

マジ敵なし。コアで革新的で、聴けば聴くほど神がかりっぷりを感じる。

Black On Both Sides /
Mos Def

とにかくやばい作品。サンプリングの使い方、リリック、完成度が高い。

A Love Supreme /
John Coltrane

とりあえず聴いてほしい、深い一枚。

For You /
山下達郎

大好きなアルバム。耳から離れない歌声、メロディ、今の世代の自分が聴いてもどこか懐かしくて不思議な気持ちになる。

My Favorite Songs Playlists

My Favorite Songs

	▶ Play		🔀 Shuffle

1	Shy Guy	Diana King
2	Candy Rain	Soul For Real
3	朝日のあたる家	浅川マキ
4	Crazy	Aerosmith
5	American Boy	Estelle
6	London Calling	The Clash
7	Mr. Blue Sky	Electric Light Orchestra
8	House Of The Rising Sun	The Animals
9	Hotel Calfolnia	Eagles
10	Englishman In New York	Sting
11	Virtual Insanity	Jamiroquai
12	Littlest Things	Lily Allen
13	The Man Who Sold The World	Nirvana
14	You Can't Hurry Love	Phil Collins
15	That's What I Like	Bruno Mars
16	Gypsy Woman (She's Homeless)	Crystal Waters
17	My Generation	The Who
18	Space Oddity	David Bowie
19	め組の人	ラッツ＆スター
20	Sparkle	山下達郎
21	Take On Me	a-ha
22	Ain't Got No, I Got life	Nina Simone
23	Unchained Melody	The Righteous Brothers
24	Space Junk	Wang Chung
25	Come Down	Anderson Paak
26	Ain't No Mountain High Enough	Marvin Gaye
27	ヒッピーに捧ぐ	RCサクセション
28	いかれた Baby	Fishmans

Jazz
My Favorite Songs

▶ Play   ⤭ Shuffle

1	Greensleeves	Jo Jones Trio
2	That Old Feeling	Cedar Walton Trio
3	Blues The Most	Hampton Hawes
4	Body And Soul	Bud Powell
5	Un Poco Loco	Bud Powell
6	Is You Is Or Is You Ain't My Baby	Barry Harris
7	Brilliant Corners	Thelonious Monk
8	Lotus Blossom	Kenny Dorham
9	Maiden Voyage	Herbie Hancock
10	It's All Right With Me	Erroll Garner
11	A Night In Tunisia	Sonny Rollins
12	Just Friends	Coleman Hawkins & Sonny Rollins
13	Comes Love	Mulgrew Miller
14	Song For My Lady	Mccoy Tyner
15	My Foolish Heart	Bill Evans
16	Round About Midnight	Miles Davis
17	Milestones	Walter Bishop Jr.
18	Round Midnight	Kenny Drew
19	If I Should Lose You	Wynton Kelly
20	No Problem	Duke Jordan
21	Free For All	Art blakey & The Jazz Messengers
22	Jodi	Art blakey & The Jazz Messengers
23	Are You Real?	Art blakey & The Jazz Messengers
24	Summertime	Michel Petrucciani & Eddy Louiss
25	Totem Pole	Lee Morgan

HIP HOP
My Favorite Songs

▶ Play　　　⤮ Shuffle

1	We The People	A Tribe Called Quest
2	Return Of The Crooklyn Dodgers	The Crooklyn Dodgers
3	Grown Man Sport	I.N.I.
4	The Light	Common
5	Warrior's Drum	King Just
6	Real Hiphop	Das EFX
7	Island(SSG 1200 remix)	NIPPS
8	G.O.D. Pt III	Mobb Deep
9	The Basement	Pete Rock & C.L. Smooth
10	The Red	Jaylib
11	Work	Gang Starr
12	MC's Act Like They Don't Know	KRS-One
13	Fantastic	Slum Village
14	Dear Dilla	Phife Dawg
15	Worst Comes To Worst	Dilated Peoples
16	E=MC2	J Dilla
17	Super Luv	Ultra
18	Life Is Better	Q-Tip
19	Please Set Me At Ease	Madlib
20	Let's Ride	Q-Tip
21	今夜はブギーバック	小沢健二 featuring スチャダラパー
22	Day One	D.I.T.C
23	Butt... In The Meantime	Black Sheep
24	N.Y. State of Mind	NAS
25	What I Need	Craig Mack
26	サマージャム '95	スチャダラパー
27	Keep Ya Head Up	2Pac
28	Respiration	Black Star
29	Clap Your Hands	A Tribe Called Quest
30	To Zion	Lauryn Hill

地味にやってる私のTwitterの音楽垢も、覗いてみてね（笑）。　@mdramaqueenm

Amazing Music Video
My Favorite Songs

▶ Play   ⇄ Shuffle

1	Quality Control	Jurassic5
2	Californication	Red Hot Chili Peppers
3	No Fear	O.G.C.
4	Peach Fuzz	KMD
5	Who Am I (What's My Name)?	Snoop Dogg
6	Gin And Juice	Snoop Dogg
7	Check The Rhyme	A Tribe Called Quest
8	Bonita Applebum	A Tribe Called Quest
9	Not Fair	Lily Allen
10	Queens	Big Noyd featuring Prodigy
11	Groove Is In The Heart	Deee-Lite
12	Freestyler	Bomfunk MC's
13	Paper Planes	M.I.A.
14	La La La	Naughty Boy
15	Young Thug	Wyclef Jean
16	Come Work With Me	M.I.A.
17	Drop	The Pharcyde
18	モダンジャズオペラ「桃太郎」	
19	ゆらゆら帝国で考え中	ゆらゆら帝国
20	Lovers 法	SUPER BUTTER DOG
21	5 秒前の午後	SUPER BUTTER DOG
22	Ashes To Ashes	David Bowie
23	Pass The Dutchie	Musical Youth
24	Space Cowboy	Jamiroquai
25	Vocab	The Fugees
26	禁断の惑星	TABOO1 featuring 志人

How To Jazz

これがわかると
ジャズはもっと楽しい！

まず！
ジャズって即興演奏っていうイメージはあるけど、いまいち何をやってるかわからないよね……。ジャズはみんなが共通の流れを理解してなくてはいけなくて、その中で自由に演奏しています。それが、ジャムセッションで初対面の人同士がすぐに一緒に演奏できる理由。
そのルールを、ぺぺっと紹介するね。

こういうスタンダードブックという本に、ジャズで演奏される曲が集めてあります。歌もの、ラテンやサンバ、ボサノヴァまで様々、聴けば「あ〜」ってなる有名な曲も入ってる。みんなそれを1曲1曲覚えて、レパートリーを増やしていくの。

1. ジャズの基本

基本的な曲進行は、

　　　テーマ ⇒ アドリブ ⇒ テーマ

でできています。
テーマとは、基本的なメロディのことです。例えばこれは「チェロキー」という曲で、よくインスト（インストゥルメンタル、つまりヴォーカルではなく器楽演奏のこと）で演奏されるジャズの有名な曲。記してあるのはメロディと、コード（和音を示すもの）と呼ばれるアルファベットや数字。サックスやトランペットなどセンターに立つ楽器の人がメロディをとることが多いです。そういう人がいないピアノトリオ（ピアノ、ベース、ドラムの基本編成）であればピアノの人がメロディをとります。その場で、この曲をやろう、と誰かが決めた時、もし自分や他の人が知らない曲や覚えていない曲の場合は、本を開いてそこで初見で演奏するか、断って違う曲を提案するか決め直します。プロのジャズ・ミュージシャンは何百曲ものスタンダードナンバーが頭の中に入っている人も多いです。

2. アドリブと曲の展開

テーマを一回 1 コーラスと呼びます。それを通したら、即興演奏（アドリブ）が始まります。アドリブは、最初に演奏したテーマのコード進行上でやるため、基本的にはコードの構成音やスケール（音階）の音を使ってアドリブをしています。つまり「チェロキー」だと、

AABA ⇒ AABA のコード進行の上でアドリブを○回 ⇒ AABA

ということ。

ブルースという形式の曲は 1 コーラスが 12 小節と短いので、普通は二回ほど繰り返し、アドリブに入ります。ひとりが何コーラスソロをとってもいいので、個々のソロの長さによって、曲の長さはいくらでも変わります。たとえば管楽器、ギター、ピアノ、ベース、ドラムのみんなでセッションする場合、ソロをとる順番は、

管楽器 ⇒ ギター ⇒ ピアノ ⇒ ベース ⇒ ドラム

（まあ、始めたい人が始めれば、その人が最初です。・笑）

管楽器のソロ中は、ピアノトリオやギターの人がリズムセクションとして、この人たちは基本的に常に演奏していることになります。ピアノとベースのソロの時は、管楽器は吹きません。ドラムの時はちょっと特殊で、「○バース」といって、ドラムがベース以外の各楽器と掛け合いをして、ドラムソロとする場合も多いです。たとえば、ベースソロが終わったら、最初の 8 小節をトランペットがアドリブして、次の 8 小節はドラムがソロ。その後も同じように、サックス 8 小節、ドラム 8 小節。ピアノ 8 小節、ドラム 8 小節……というように。この場合は 8 小節ずつ掛け合いしてるので「8 バース」といいます。次のコーラスの頭に順番が回ってきた人は、4 小節とか 2 小節に減らしてドラムにパスしたりできる。そしたら、ドラムは必然的に 4 小節（4 バース）、2 小節（2 バース）のソロになっていきます。何コーラスでテーマに戻るかは、メロディを演奏していた人が指示を出します。テーマに戻る前の最後のバースでドラム以外の人がやっていると、戻るって指示がわかりづらくなってしまうので避けます。

3. 曲の終わり方

最後に「こんな曲でアドリブしてましたよって」みんなでもう一度テーマに戻って終わり。もちろん小節がずれちゃったり、誰かが違うところを演奏してる時もある。そんな時は目配せしたり、相手の音を聴いて自分で正しいところに戻ったりして、できるだけなかったことのように演奏するの。そういうハプニングとかも、その場で作り上げてるジャズだから起こること。

4. ヴォーカルが入る場合は？

歌が入る時は、ヴォーカリストが自分の歌いやすいキーがあるので、12 のキーの中から自分のキーに合った楽譜を持ってきて、私たちはそれを見て伴奏します。楽譜がない時は、「○○（曲の名前）を F で」と言われたら、普段自分が別のキーで演奏している曲でも、頭の中で瞬時に F に切り替えて（移調といいます）伴奏しなければなりません。テーマをやってるうちにコード進行を頭に入れて、そのあとアドリブをするって感じ。これには特訓が必要です……（特にピアノとベース）。

5. ジャズを楽しもう！

ざっと説明するとこんな感じ。これを機に、ジャズをさらに楽しく聴けるようになってくれたらうれしいな。これからジャズを聴くっていう人も、なんとなく意識しながら聴いてみてほしい。今ソロだ、とか、ドラムと掛け合いしてるな、とか。やはり、ジャズの醍醐味はライヴにある。その場で次にどうするか、音や目で会話しているのが見えたり、何が起こるかわからない生々しさと、迫力とが満載だぜ。深いぜ。

私的、おすすめジャズのプレイリスト（P95）もありますのでぜひ。

About My Debut Album

アルバム制作について

アルバムを出すという話が決まったのは、去年の3月くらいだった。

はっきり言って、まだまだ勉強中の自分が人に聴いてもらえるようなものを作る自信はなかったし、自分の音楽をこのような形で世に出すことは前向きには考えられなくて、お話が来てから、ずっと迷っていた。

すぐ緊張する私は、ライヴの前もいつもトイレに駆け込んでいるのに、その緊張が、録音前の数か月、ずっと続いていて、ストレスでおかしくなりそうだった。曲も、書いてはボツりの繰り返し。

まだ自分のスタイルも確立できていなくて、1年の間で自分の興味はいろんなところへ広がる。やりたいことが増えたり、変わったりする。表現したいことに自分の技術が追いつかないことが悔しかった。アルバムが完成した今も、このCDの中でそれができているとは思わないけど、これが今の自分の音楽だと思う。

2月1日。昼のピットインで初めてこのトリオで演奏してから3日間スタジオに入って、本当に楽しかった。メンバーのみんなとアイディアを出し合ってたくさん話し合って、大事に作り上げたものが形になることの喜びを知った。

録音自体は2日目に終えたけど、その前日に新曲を書き始めて、2日目終了後の余った時間で、その未完成の曲を3人で合わせてみた。その場で考えたテーマや、こうしてみよう、といろいろ試して録ってみたのが最後の曲。

ふたりの素晴らしい対応力。

自分の性格は、本当にギリギリで、いつもこうやって自分を追い込んでる。

こんな自分をサポートしてくれたふたりには感謝してもしきれない。最後の曲を録りながら、らぶとりおで録音できて本当によかったと思った。

録音したあとの音作りなどにも、全部関わった。特に「MY CRUSH」。最後までねばって音を作った。

ワガママを聞いてくださってありがとうございました。

そして、16歳の記録を残す機会を、本当にありがとうございました。

なにか、浮遊したもの。

そんなイメージの曲ができあがったあとに、浮遊生物のPLANKTONが思い浮かんで、題名にしてみた。

そのイメージのジャケットは、海を背景に私が描かれているんだけど、描いてくれたのは19歳の美大生、タナカナナコちゃん。

インスタで日頃から私の絵を描いてくれていて、ぜひお願いしたく、私からコンタクトを取りました。

かなり急なお願いで時間がない中、何度も書き直してくれて、最高のジャケになりました！

Interview

Mappy（ピアノ）×新井和輝（ベース）×石若駿（ドラム）＝らぶとりお

3人が語る、JAZZ、
そして音楽の魅力。

好きなビバップ、今やりたいことが全部できた

Ⓜ初めてのアルバム、いいものができたと思います。私はビバップから入って、それ一本でやり続けてきたから、最初に話が決まった時はそういう内容にするつもりだったけど、それから約1年間で自分の中でやりたいことがいろいろ変わって、それをまとめて音にするっていう作業が大変だったなあ。結果、ビバップかどうかとか気にしないで、今やりたいことをできる範囲でやろうっていうことにしました。その点では話し合いが結構大変だった。

Ⓢ好きなことやったって感じはするよね。

Ⓚね。

Ⓜ選曲も、3人で合わせてみたら、変えたい部分とか、もっとやりたいことが出てきたり。ひとりじゃ考えきれないから本当に助けてもらって。

Ⓢ"Un Poco Loco"（ビバップスタイルの第一人者といわれるジャズピアニスト、バド・パウエルの名曲）とかさ、ずーっとやりたいって言ってたじゃん。

Ⓜうん、あれは絶対駿さんとやりたかった。

Ⓚ最後に録ったオリジナルの曲とかもね。前日のレコーディングがちょっと早く終わったから少しだけ時間があって。その時に、モチーフだけは考えてきたんだけどこの先どうしよう、みたいな状況のものに対して、こうでこうでこうじゃないって言いまくって形にして最終日にレコーディングした。

Ⓢ思いついたことをすぐ形に残すって言うね。

Ⓜ聴いてみてどうなるかわからないけど、今のところ本当に全部入れてよかった！　やりたいこと全部、今好きなことは全部できてよかったです。

3人の出会い

Ⓜ今回この3人で初めて一緒にやりました。もちろん各々のプレイは前から知っています。共通の知り合いもいっぱいいて、周りからよく話にも聞いてるような状況でした。でもこのメンバーでレコーディングするなんて計画していたわけじゃなくて。なんか偶然が重なったんですよね。

Ⓢよくセッションの場で会っていたよね。ミュージシャンが集まってひたすら演奏するっていう場所があってそこに行くとだいたい居たり。ある舞台音楽のドラムを僕がやっていて、Mappyが観に来たのが最初の出会いです。その音楽監督がスガダイローっていう人で。Mappyはダイローさんと昔から仲良くて。

Ⓜそのセッションする場所に私が初めて行った時に、初めて会ったサックスの人が駿さんと一緒にバンドをやってる人で。数日後に舞台を見に行って駿さんに会った。

Ⓚ俺は自分が習ってる先生伝いに「最近こういう子が入ってきてね」と聞いて、「あ、そうなんですか。あれ？　駿ともやってる」とか、ほかにも共通の知っているミュージシャンがいて。

Ⓜ私はもともと和輝さんの入ってるバンドのリーダーを知っていて、そこのベースの人なんだ、ってなりました。

Ⓢでもあれもよかったよね、ジャズ新年会で会ったの。偶然ご飯食べに行ったら、Mappyもいて、なんか演奏することになって。

Ⓜそうそう！　何曲かやったよね。それをプロデューサーの方がたまたま観ていてくれて、今回のレコーディングのためにベースの先生を紹介されて、その人の弟子が、和輝さんだった。そんないろんな偶然が重なったんです。

衝撃を受けて始めたJAZZ

Ⓜ私は5歳からクラシック・ピアノをやっていて、その時の先生が、アレンジがすごく上手で、クラシックの曲を完全にラテンやジャズにアレンジしたものをエレクトーンの発表会でみんなで弾いたりしていました。私は大体ベース担当で、それがすっごく楽しかった。三度の和音以外に他の音が聴こえてクラシックと全然違う。「何なんだろうこれ」って言ったら先生が、「これはジャズって

M=Mappy
K=新井和輝
S=石若駿

Text by Akiko Sato

いうんだよ」っていう会話をしたのを覚えています。家でジャズを聴いたことがなかったから、お母さんにこういうのが好きなんだって話をしたら図書館でCDをいっぱい借りてきてくれた。名盤といわれるものをいろいろ聴いて、どれも似たようなきれいな感じで。その中で、セロニアス・モンクとバド・パウエルっていうピアニストを聴いた時に衝撃を受けて、ジャズをやろうって思ったんです。ジャズの勉強の仕方がわからないから、ひたすらそのふたりの音源を聴いて真似して弾いていました。今でもそうだけど。あと発表会とかで年上のお姉さんたちが、カプースチンとかガーシュイン（クラシックとジャズを融合させた音楽家たち）を弾いているのを見て、こっちが弾きたいなって。

Ⓢああ、クラシックでもそっちだったんだね。

Ⓜ湯山昭さんとかが好きで発表会でもいつもそういうのを弾かせてもらって。でも先生には「クラシックもできないやつがジャズなんか弾くな」って言われていたので、授業ではちゃんとクラシックをやってこっそりジャズも弾いてって感じでした。

Ⓢ自分の選択だね。

Ⓜうん、全部自分の選択。

Ⓚいいことだね。

Ⓜそこは好き嫌い激しいんですよ。嫌いなものは絶対やりたくないし。和輝さんがジャズに入ったきっかけは？

Ⓚ僕らの中学校ではアコギブームで。そこからバンドをやりたいというやつが出てきて「バンドやろうぜ、俺エ

新井和輝（あらい・かずき）14歳からエレキベースを、19歳よりウッドベースを始める。2012、2013年度に国立音楽大学のビッグバンド、NewTideJazz Orchestra所属。2012年山野ビッグバンドジャズコンテストで最優秀賞を受賞。2015年King Gnuの前身バンド、Srv.Vinciに加入。ウッドベースを河上修氏に師事。エレキベースを日野jino賢二氏に師事。

石若駿（いしわか・しゅん）1992年生まれ。北海道出身。9歳の時に来日中のハービー・ハンコックに見出され、その後15歳にして日野皓正バンドのドラマーに抜擢。東京藝術大学音楽学部附属音楽高等学校を経て、東京藝術大学音楽学部器楽科打楽器専攻を卒業。クラシック、ジャズとジャンルを超えた幅広い活動で注目を集めている。

レキ持ってる、俺フォークギター持ってる、俺何も持っ
てない」からベースやっとけって言われてベースを始め
ました。ギターのやつから、「ベースって知ってる？　弦4
本なんだぜえー」って言われて、初めて、そうなんだ、と。
アジアン・カンフー・ジェネレーションのコピーバンド
から始まって、中学はずっと邦楽ロックを聴いて、高校
では軽音部でけっこうストイックにテクニックばっかり
やってました。その時に先輩が、そんなにテクニックば
っかりやってるんだったらジャズ・ライヴでも観に行く
かって連れていってくれたんです。そしたら「何やこれ
は！　この世界はすごいぞ！」と。その時観たのは、ア
クセルブラスっていうバンドでした。そこからジャズみ
たいなアドリブというか インストゥルメンタルの音楽に
入っていったんです。大学に入った頃から表現の幅広さ
をジャズの方に感じて、今のウッドベースの師匠に弟子
入りしました。今はロックバンドもやっているんですけ
ど、それとは違う、歌詞はないけど音で景色や色が見え
たりっていうのがすごい好きで、それがジャズだった。
Ⓢ僕は4歳ぐらいの時に父親に連れられて行ったのがフ
リージャズのライヴで、森山威男さんという大尊敬する
ドラマーがいるんですけど、松風鉱一さんというテナー
サックスの人とふたりで2時間ライヴをやるっていうテ
レビの公開収録かなんかでした。一番前で見てたんだけ
ど、フリージャズだからずっとバシャーンバシャーン！
　てふたりが戦っているように音楽してて、その森山さ
んのドラムのプレイがすごすぎた。ブラシとかもバタバ
タバタって飛び散ったり、スティックもズッターンズッ
ターン！　て折れていったり、ちびっこ的には、「何だこ
れすげーかっこいい！　ドラムやりたい！」って思った
のがその時。その後、習い事としてドラムをやっていた
んですけど、人と演奏したいっていう気持ちが強くなっ
ていて、たまたま見つけたのが小学生を対象としたビッ
グバンドの募集だった。夏にはジャズフェスティバルの
オープニングアクトで子どもたちみんなで演奏するんで
すけど、そこでジャズをやる楽しさを知りました。しかも、
アドリブをみんな頑張って演奏するんです。みんなでゲ
ラゲラ笑いながらやる、みたいな世界で。そのうちにそ
のビッグバンドのためにプロのミュージシャンがクリニ
ックで教えに来たりしていて、ハービー・ハンコックが
来て子どもたちとセッションしたりして。僕が一番ジャ
ズをやりたいと思ったのは、日野皓正さんが来た時。彼

のバンドと僕らのバンドのジョイントコンサートをやっ
たんだけど、その前日のクリニックで日野さんに「僕か
らは何も言うことないからどんどん聴かせて」って言わ
れて、演奏していくうちに距離がどんどん縮まって、そ
れで僕も日野さんと一緒にやりたいって思うようになっ
た。で、やるにはどうしたらいいか、そうだ東京に出よ
うと。それが中学1年生の時で、高校から東京に出てき
たんです。学校でやるのはクラシックだったんですけど、
学校の外ではジャズセッションの日々で、そこから早9
年目になります。

"今"の空気が音にのって伝わっていく

Ⓚジャズを演奏していていいなって感じるのは、伝えら
れたり伝わったりして、コミュニケーションできるところ。
このふたりはライヴでの発露がすごく見えて、いい
なって思う。空気感だったり表情だったり全部すばらし
いなと思う。俺ら、結構顔でやるよね。
Ⓢ顔でやる。
Ⓜ顔に出ちゃう！　音も全然変わる。
Ⓚその時の内側がストレートに出てきて単純にみんなで
オーイエー！　ってなるのがジャズだよね（笑）。このア
ルバムのアレンジもレコーディング当日に変わったりし
たんです。駿のアレンジでやってみようとか、練習せず
にそのまま録ってみた方がいいんじゃない？　とか。で、
案の定そうだったり。そういう過程がやっぱり楽しい。
Ⓢそれはジャズにしかないよね、やっぱり。
Ⓚできたものというか、その時がすべてというのが魅力
的です。
Ⓜ今作っている！　って感じがするよね。ベースとドラ
ムとピアノっていうエレクトリックサウンドが何もない
状態で、役割が違う3人でやるっていうのは、本当にす
ごいことだなって改めて思いながらレコーディングして
いました。
Ⓢ今回のレコーディングでもやっぱジャズいいな、と思
いましたもんね。そりゃ、昔のレジェンドたちみたいに
かっこよく演奏したいですもん、やっぱり。それに向け
て今回のレコーディングは自分とも向き合ったし、楽し
かったです。
Ⓚ本当よかった、楽しかった。
Ⓢしかもかっこいいテイク、たくさん録れてるし。
Ⓜすごい演奏がトリオっていう形式でいっぱい残されて

いるけど、その延長を今やっているのはすごい勉強になるし。

Ⓢそうそう、今いろんなジャズをやってても、トリオで追求することって少ないと思う。ジャズシーン的にも。それを敢えてやることはすごくいいことだと思う。「これが好きだからこの音に近づけたい、この雰囲気に近づけたい」っていう研究の矛先ができた気がする。だからおもしろかったね。なかなかいないよ、ここまでやってる人。

Ⓚまだまだ行けるけどね。

Ⓜもっと追求できる！

愛にあふれた"らぶとりお"

Ⓢ Mappyはしっかり勉強している感じが伝わってきますね。プラス自分のキャラクターとカラーを表現しようとしてるところがすごいって感じ。

Ⓚ 16歳で考えられないよね、そういうの。

Ⓢいろんなジャズ・ピアニストがいるんですけど、ビバップが本当に好きでちゃんと勉強する人って、若い人では少なくて。だからレコーディングしててもこちらも勉強になりますっていう感じです。

Ⓜ私はふたりと一緒にできるのが本当に楽しかった。駿さんとはよくセッションもしていて、マジで憧れの存在で絶対に駿さんしかいないと思ったけど、こんなレベルで頼んでいいのかと躊躇していました。ダメ元でお願いしたら引き受けくれて、めっちゃうれしかったのを覚えてます。和輝さんは最初に先生の紹介で、ウッドベースであそびがてらセッションしたんです。ビバップで知られていない曲ばかりだし、と思って演奏してみたら、初めてなのにすぐに合ったんです。

Ⓚそのときけっこう俺、どうしよどうしよってなってたけど。

Ⓜえ～（笑）。

Ⓚ初めて3人で音を出したのはピットインのリハで、その日までは駿といつ合わせてもイケるように、2人で何回も練習したよね。

Ⓜ頑張ったよね。

Ⓢ和輝は、例えば今回のバップの曲の内容と自分の役割とを研究している。どの現場でもそうなんですよ。頼れる兄貴的な。

Ⓚやめてよ。

Ⓜでも性格が出てますよね、演奏に。あったかくて、しっかりしているし、頼りになる。

Ⓢほんとそうだね。

Ⓚ今回、個人的には、まだまだ修行中の自分がウッドベースでこのトリオに貢献できることはなんだろうってずっと考えていましたね。

Ⓜ今回はマジで和輝さんのベースが最強なグルーヴを巻き起こしております。高速のウォーク（ウォーキングというベースの奏法）もやばいし。こんなふたりとトリオでできて本当に幸せです。

Ⓚラブですね。

Ⓜらぶとりおって呼んでるんです！　トリオでの初ライ

ヴを観に来てくれていた友達が「愛にあふれてた」って言ってて、じゃあらぶとりおでいいんじゃない、みたいな！
Ⓢライヴ中も助け合ってやってます。
Ⓜいろいろあったよね、ステージ上でも。そういうことが起きてもどうにでもなるから、ジャズは。それもいいと思うんです。

ヒップホップが好き

Ⓜ最近はヒップホップが好きでよく聴いてる。
Ⓚ僕も好きです。最近はチャンス・ザ・ラッパーを。あとはエレクトロも好きでジェイムス・ブレイクとかアウスゲイルとかボン・イヴェールとかそこら辺は好きですね。駿はどこらへんが好きなの？
Ⓢ俺は実は全然聴いてないよ、ヒップホップは。
Ⓚでも叩けるじゃん。

Ⓢ好きなんだよね、多分。高校生の時にまだスターになる前のロバート・グラスパーのブートレグ音源がミュージシャン界隈に流れてきて、それをみんなで聴いてて。それでジェイディラっていう偉大な人がいたんだ、この人たちは今それを表現しようとしてるんだ、と。そういうのは聴いてて自分でも演奏したいなっていうのはありました。そのサンプルの音源もジャズ・ドラマーのものだったりするし。
Ⓜ私は基本的に昔のばっかり。90年代あたりが本当に好きすぎて。トライブ・コールド・クエストっていう4人組が一番好きで、あとはその周辺ですね。好きな曲とかアーティストに関しては自分でもちょっとおかしいかなって思うぐらい調べるのが好きで、妙にそこだけ詳しくなっちゃったりします。YouTubeとかでその関連音源やサンプルを調べたりとか。もともとそういう90年代のメジャーで人気があった人たちの新譜を聴いてヒップホップ

に入ったんで。何にでも言えるけど、昔のものが好きな傾向はある。最初は聴くだけだったんですけど、だんだんそれを自分でもやりたいなって思うようになってきて。今回もやるしかないなって。

Ⓢそこがすごくいいと思うんだよね。グラスパーから入るピアニストが多すぎでつまらないんだけどさ。

Ⓚたまたま俺らもヒップホップができるメンバーだったからね。

Ⓜそれがすごくよかった。

ⓀMappyがやりたいことを汲んであげられたような気がする。

Ⓜノリとかもわかっている人じゃないとできない。

Ⓚ特にドラマーはジャズだけやっている人だとヒップホップは叩けないと思うから。

Ⓜそうだったら私もやろうって言っていないし。そこはアイディアを出し合って話して。

ⓈLINEで、こういうのどうかなって送ってきたり。

Ⓜこういうふうに叩いてくださいって（笑）。そういう、ちょっと挑戦してみたいことを話し合って作っていくことができて、それがすごくよかったです。帰りの電車で、スマホの、ビートを作れるアプリでずっと遊んでたしね（笑）。

Ⓢヒップホップでトリオやろーぜー。

Ⓜせやーーーーー。

モンクはずっと私のファッションアイコン

Ⓢ昔のジャズマンだったらモンク（セロニアス・モンク）がかっこいいよね。

Ⓚかっこいい服、着てたよね。

Ⓜうん。私もそれがきっかけで好きになった。最初に音源聴いたとき、変だな、間違えてるんじゃないか？　って思ったのが印象に残ってて、YouTube で動画を見たら演奏スタイルがかっこよくて。そりゃ音にもセンスが反映されるなって。ゴテゴテの指輪をしてたり、スーツに帽子乗せて、短い丈と長い靴下のバランスがたまらん。モンクはずっとファッションアイコン。日本だと、鈴木勲さんが真のファッショニスタ！　東京コレクションもビックリよ。

Ⓢマイルス（マイルス・デイヴィス）もかっこいいけどね。

Ⓜマイルスも本当におしゃれ。

Ⓢロイ！　ロイ・ハーグローヴも。

Ⓜ今も生きているトランペッターなんですけど、おしゃれ番長だよね。いつもクオリティがすごいんですよ。

Ⓢきれいだよね。

Ⓚカリスマみたいな。

Ⓜ見た目までちゃんと気を遣っているのがすごい。本人は楽しんでやっているんだろうけど。見てる方はそこまでが楽しいじゃないですか。だからすごく大事だなって思います。自分でもライヴの時の衣装を考えるけど、全然決まらない。服によってテンションが変わるからほんと重要。楽しく見てもらえるようにっていうのは基本考えていますけど、その日の気分ですね。ジャズ・ミュージシャンって見た目が地味な人がすごく多いんです。もっとかっこよく、洋服にも気を遣うだけで多分いろいろ変わるだろうなって思う。

ⓈMappyはこういう面でもジャズ界においてすごく大事な存在だよね。

Ⓜ同じミュージシャンでも見た目が楽しい人だったらそっちの方が絶対楽しいし、ライヴって聴くだけじゃないから。やっぱり見てて楽しいのも大事っていうのはあります。

Ⓢそういうところも含めて楽しんでもらいたいですね。

それぞれのアドリブを聴いて感じて

Ⓢ初めてライヴを見るなら、ドラムが一番わかりやすいかもしれない。音の強弱や見た目も派手だし。パフォーマンスするとそれだけで盛り上がって楽しめる。ずるい楽器だよね（笑）。

Ⓚいい音楽ってベースが良かったりするんです。例えばビートルズもそうだけど、ベースが音楽を維持するんです。楽器同士の中でも人間関係においてもクッションになったりしやすいから、誰かの元カノが来ちゃった時に、ベースが全部話を聞いてその場の空気を調整するみたいな。

Ⓜ本当にそんな感じ。演奏してる時、私けっこう暴れるから。

Ⓢそういう時、「そこ無視していいよ」って受け流してくれる感じだもんね。

Ⓜピアノの魅力はいっぱい音があって、ひとりで成り立っちゃう、無限なところかな。アート・テイタムのソロを聴くとピアノの良さを楽器一台で表現しているのが伝わる。私はピアノを弾きこなせる自信がまだまだなくて。

Ⓢジャズは1曲の中でアドリブがあったりとかして物語をつくっているから、そこを聴いてみるのもおもしろいよね。

ちょっとしたきっかけをつかんで新しい世界へ！

Ⓢ読者のみんな、最近魂の解放をしていますか？　それをするためにジャズのライヴに来たらいいと思うよ。
Ⓜナイス。
Ⓢライヴに来れば、見たこともない景色が見られる気がするよね。
Ⓜそれは絶対そう。
Ⓚいろんなライヴに行ってほしいですね。この中のメンバーがひとり違えばまた別の世界になるし、それは毎日いろんなライヴハウスで起こってることなんで、ぜひ。行けば行くほどどんどん楽しくなっていくと思う。その時々の違いが一番の魅力、それを感じてほしいです。
Ⓜジャズを少しずつ知っていくと、印象がまたどんどん変わると思うんです。難しく考えないで楽しんで聴いてほしいなって思います 。
ⓀこのあいだのMappyのライヴもかなりいろいろな人が来てくれたよね、若い人からお年寄りまで。「初めてこういうところに来たんですけど」っていう人もいた。
Ⓜ友達を誘っても、ロックのライヴは行ったことはあるけど、ジャズのライヴは行ったことがない人が多くて。ジャズのライヴに行くにはドレスコードがあるの？　って聞かれて、おしゃれして行こーって言ってた。そういうのもいいと思うし、でも基本カジュアルで全然オッケー。でも来てくれた人はみんなおもしろかったって喜んでくれました。きっかけがちょっとでもあれば広がるんですよね。いろんな世代の人に聴いてほしいからやっぱりそこは私が頑張ってまずは同世代に広めていきたいです。
フェスとか出たいですね。そういういろんなジャンルの音楽ファンがいっぱいいるところで演奏するのはトライしたい。ジャズを偶然聴くチャンスになる。
Ⓚそこで、あ、やばい、かっこいいってなってくれればね。
Ⓢトリオでフジロック行こう！　"Un poco Loco"の振り付けを全員でやろう（笑）。
Ⓜそれはやばすぎる（笑）。みんなを巻き込んでいこう、絶対ジャズを好きになるよ！

Instagram

今までInstagramにアップした中でお気に入りの写真たち。

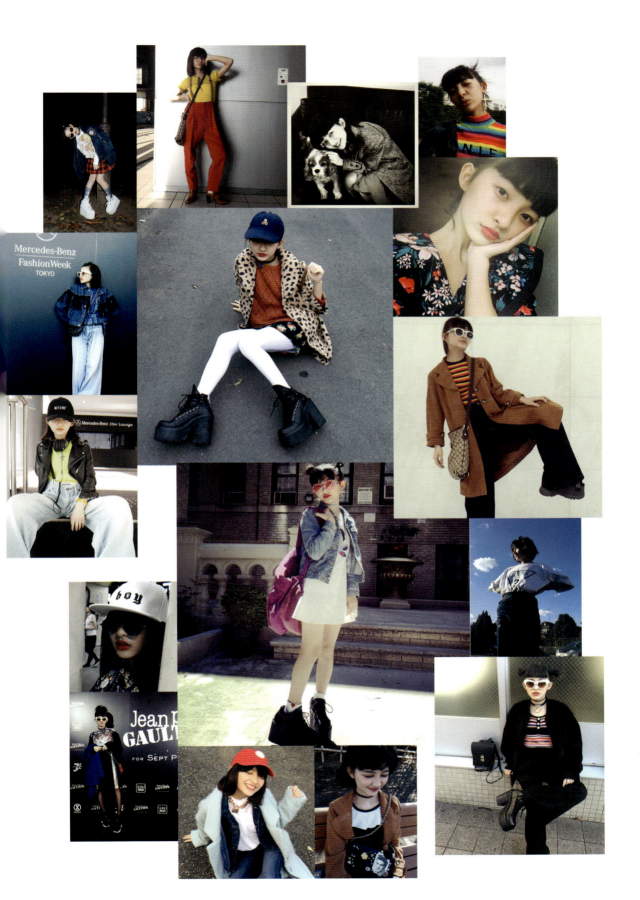

#mappybook

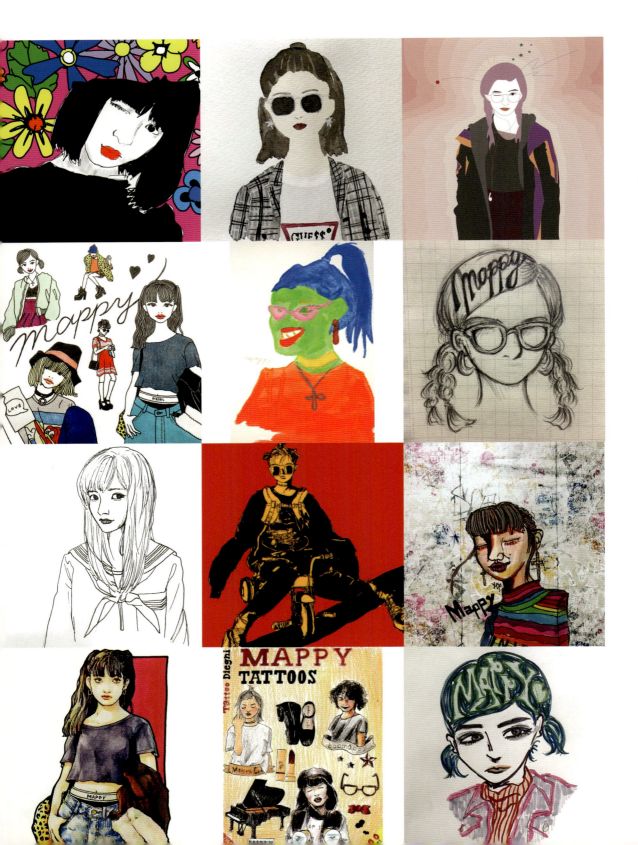

このハッシュタグをつけてInstagramに私の似顔絵を投稿してくれた
みんなのイラストを公開！ いつも描いてくれて、ありがとう！

#mappybook

Q.45 同世代へメッセージを！

3年前くらいからいろいろなところで書籍を出そうという機会をいただいていたのですが、自分のこだわりが強すぎるために、すべて話が流れました。
この本の写真は、NYに音楽の勉強をかねて滞在中に時間を見つけて撮りためたものと、帰国後、東京で撮ったもので、全部私服でセルフメイクです。

服の趣味もころころ変わっちゃうんだけど、今はずっとメンズスタイルが好きで、Tシャツとかパンツとかツボにはまるものがたくさんあって、そういうものを着たり、探すのは最高に楽しいです。

自分だけのスタイルを持つとか、見つけるとか、そんなのどうでもいいと思う。
夢も無理に見つけなくていいし。ただ自分の好きなことだけを続けていればいいと思います。
親、先生、誰に何を言われようと、やってみたいことは全部やってほしい。
後悔しないように、自分の思った道を行こう！

人はみんなそれぞれの良さがあって、お互いにそれを見つけたり、認め合って生きていくものだと思うから、ちょっと人と違うからって否定的に見ないで、個性を尊重していくべきだよね。

最近のSNSの発達で、一人一人の個性がどんどん失われていっていて、もはや国のアイデンティティーやカルチャーまでもがあやふやになってしまいそうで恐ろしい。
友達の投稿に影響されて同じことしたり、みんながやってるから自分もやらなきゃってなったら、つまらない。

私も四六時中携帯が手元にあって、無意識にインスタを見てるし、人が今何しているかをつねにチェックしてる自分に、この時間があったら他のことできるよな、って思ってる。
自分でコントロールして、時間を大切にしていきたいね。

と言っておきながら、自分はダメダメ人間です。朝は自分で起きられないし、面倒くさがりやだし、やる気も常にないし、1日の目標が達成できたことはほぼほぼ無い。いつも後悔して1日が終わる。
一から始めたいこともあって、どうしていいかわからないことだらけだから。
一緒に頑張ろう！

とにかくやりたいことがあるなら今日から始めよう！
今好きなことは、とことん続けよう。上手い下手はない。

なんかあったら、私のライヴに遊びに来てね（笑）。

Message for fans of the same generation

Around 3 years ago, I had many chances to publish my own book, but I was so fussy and so determined in making something perfect that it never really worked out.

The photos in this book were taken when I was in New York studying music. Some were taken after I came back from the states. All styles and make-up were done by myself.

My taste in styles changes very often but I always liked men's fashion. Especially baggy jeans and t-shirts, they are the best!

In my opinion, you don't really have to have "your own style" or "find your style." Dreams are not something you have to try hard to seek. The most important thing is to do whatever makes you happy in life. No matter what your parents, your teacher or whoever tell you, if that's something that you want to do, you just have to do it! Live your life without regrets.

Everyone's different in their own way, in a good way, so what if we have some flaws, everyone is compromising with each other. Just because you are different doesn't mean it's wrong, we need to respect one's individuality.

Everyone uses social media nowadays and is starting to lose their individuality, it's scary to even think that the country is losing its culture and identity. We are influenced by our friends on Instagram that whatever they post we'll try to do the same thing. The peer pressure just seems silly to me.

I too have the habit of looking at my phone all the time and before I realize I'll be looking at my Instagram. If I have all my time to look at other people's life, I could easily use this time to do something more productive. I need to learn self-control and make use of my own time.

I say that, but I am so unorganized, I can't wake up on my own, I hate dealing with troubles and I am always unmotivated. It's rare for me to achieve something at the end of every day and I always regret it. I myself have something that I want to start from scratch but have no I idea how to so let's work hard together.

Anyhow, if you have anything that you want to do, start from today! If it's something that you enjoy doing, don't give up! There's no right or wrong to it.

If you feel lost, come meet me at my show =)

Afterword

いかがだったでしょうか。

ニューヨークでの日常と、私の音楽についてまとめました。

みんな興味持ってくれるかな……

そういえば、フィルムの写真は現像したら「2019 年」になってました（笑）。

2018 年に撮影したよ。

今の 16 歳の私は、後にも先にもありません。

そんな自分の今が詰まっている本。

次のステップに踏み出すタイミングでの記録だと思っています。

全部自分のやりたいようにやらせてくれた DU BOOKS の筒井さん、

デザインや構成を納得するまで直してくれた三浦さん、夜中まで構成に付き合ってくれたママ。

本当にありがとございました。

そしてこの本を手に取ってくれたすべての方々に愛と感謝を。

最後まで読んでくれてありがとう。

Mappy

※掲載物、着用しているものはすべて私物です。

Mappy
甲田まひる

ファッショニスタ、ジャズピアニスト。
2001年5月24日生まれ。
小学 6 年生の時に始めたインスタグラムをきっかけ
にファッションスナップサイトでブロガーデビュー。
同じころ様々な雑誌のストリートスナップにも登場。
ファッションアイコンとして業界の注目を集め、東京
コレクションのフロントロウに招待される。
以降、ファッション誌の連載やモデルとしても活躍。
2017年から都内のライヴハウスを中心にジャズ・ピ
アニストとしての活動を開始。
2018年5月にメジャーデビュー。
Instagram ＠bopmappy
公式サイト http://mahirucoda.com

HARLEM
マッピー　パーソナル・スタイルブック

2018年6月1日　初版発行

著・責任編集 Mappy
デザイン協力 三浦瞳
撮影　　　　住谷ゆう子
協力　　　　静陽子（ソニー・ミュージックアーティスツ）

編集・制作　筒井奈々（DU BOOKS）

発行者　　　広畑雅彦
発行元　　　DU BOOKS
発売元　　　株式会社ディスクユニオン
　　　　　　東京都千代田区九段南3-9-14
　　　　　　編集　tel 03-3511-9970／ fax 03-3511-9938
　　　　　　営業　tel 03-3511-2722／ fax 03-3511-9941
　　　　　　http://diskunion.net/dubooks/

印刷・製本　シナノ印刷

ISBN978-4-86647-064-1
Printed in Japan
©2018 Mappy/diskunion

万一、乱丁落丁の場合はお取り替えいたします。
定価はカバーに記してあります。
禁無断転載